W0307530

EM 2024!

Die große Vorschau zur Fußball-Europameisterschaft - alle Teams, Gruppen, Stars.

Anpfiff zur Begeisterung: Die Fußball-Europameisterschaft 2024 in Deutschland lädt Fußballfans und Sportbegeisterte auf eine spannende Reise zur bevorstehenden Fußball-Europameisterschaft 2024 ein. Als Gastgeber dieses prestigeträchtigen Turniers steht Deutschland im Mittelpunkt einer Veranstaltung, die Millionen von Menschen weltweit in ihren Bann ziehen wird. Dieses Buch bietet einen umfassenden Überblick über alles, was man über das Turnier wissen muss: von der Organisation und den Vorrundenterminen bis zur Vorstellung aller Spieler des deutschen Kaders. Lassen Sie sich von unserer Vorfreude anstecken und informieren Sie sich jetzt schon über das größte in Deutschland stattfindende Event des Jahres 2024.

Im Bild: Reinhard Grindel, Leon Goretzka und Joachim Löw bei der Präsentation des Logos für die UEFA Europameisterschaft in Mainz 2017

EUROPEAN
QUALIFIERS
GERMANY
CANDIDATE FOR
UEFA EURO 2024

VERGABE

Bis zum 27. April 2018 hatten sowohl der deutsche als auch der türkische Fußballverband ihre ausführlichen Bewerbungsunterlagen für die Europameisterschaft 2024 eingereicht. Daraufhin nahm die UEFA eine detaillierte Überprüfung dieser Dokumente vor, die auch Besuche an den vorgeschlagenen Austragungsorten einschloss. Im Rahmen dieses Prozesses wurden von der UEFA oder von ihr beauftragten Fachleuten schriftliche Evaluationsberichte für jede der eingereichten Bewerbungen erstellt. Diese Berichte wurden am 21. September 2018 öffentlich gemacht. Der Bewerbung Deutschlands attestierte man eine „inspirierende, kreative und sehr professionelle Vision". Ebenso erhielt die Bewerbung des türkischen Fußballverbandes eine insgesamt positive Beurteilung.

Die Bewerbung der Türkei für die Fußball-Europameisterschaft musste sich verschiedenen kritischen Anmerkungen stellen. Ein Punkt der Kritik war das Ausbleiben eines konkreten Plans bezüglich der Menschenrechte, was als bedenklich eingestuft wurde. Zudem wurde in einem Bericht erwähnt, dass aufgrund der aktuellen wirtschaftlichen Lage des Landes die geplanten staatlichen Investitionen möglicherweise gefährdet sein könnten. Ein weiterer Aspekt, der zu Deutschlands Gunsten ins Gewicht fiel, war die größere Kapazität der Stadien. In der Gesamtbewertung durch die UEFA erhielt Deutschland eine bessere Beurteilung als die Türkei. Allerdings war diese Bewertung für die Mitglieder des Exekutivkomitees nicht verpflichtend.

Am 27. September 2018 bestimmte das Exekutivkomitee der UEFA Deutschland als Gastgeberland für die Fußball-Europameisterschaft 2024. Bei der Abstimmung setzte sich Deutschland mit 12 zu 4 Stimmen durch, wobei eine Stimme neutral blieb und ein Mitglied aufgrund von Krankheit nicht teilnehmen konnte. Von den 20 Mitgliedern des Komitees waren 18 stimmberechtigt, ausgenommen waren Reinhard Grindel und Servet Yardımcı, die als Repräsentanten der beiden kandidierenden Verbände nicht wahlberechtigt waren. Deutschland wird damit nach dem Jahr 1988 zum zweiten Mal Gastgeber der Europameisterschaft sein.

Im Bild: Das offizielle Logo und der Slogan der türkischen Bewerbung für die UEFA Europameisterschaft 2024 in der Innenstadt von Ankara im Jahr 2018

Turkey
CANDIDATE FOR
UEFA EURO 2024
BİRLİKTE
KIZILAY
out Gate
0 212
489 27 12

OFFIZIELLER SPIELBALL

Die Organisation der Fußball-Europameisterschaft 2024 wird durch ein gemeinschaftliches Komitee übernommen, das sich aus Vertretern der UEFA und des Deutschen Fußball-Bundes (DFB) zusammensetzt. Im Rahmen dieser Zusammenarbeit haben die UEFA Events SA und die DFB EURO GmbH, eine Tochtergesellschaft des DFB, die EURO 2024 GmbH ins Leben gerufen. Diese Gesellschaft ist für die Durchführung des Turniers verantwortlich.

Am 15. November 2023 wurde der offizielle Spielball, benannt als "Fußballliebe", während eines Events am Berliner Olympiastadion enthüllt. Diese Präsentation fand in Gegenwart von Manuel Neuer und Philipp Lahm statt, die beide an der Veranstaltung teilnahmen, um den Ball der Öffentlichkeit vorzustellen.

Der Spielball, der bei der Fußball-Europameisterschaft 2024 zum Einsatz kommt, zeichnet sich dadurch aus, dass er als erster seiner Art mit einer inertialen Messeinheit ausgestattet ist. Diese technologische Innovation ermöglicht es, Bewegungsdaten in Echtzeit direkt an den Video-Assistenten zu senden. Dadurch wird eine neue Ebene der Datenerfassung und -analyse während des Spiels ermöglicht, was die Präzision der Entscheidungsfindung des Video-Assistenten-Teams verbessern könnte.

Im Bild: Martin Sauer 2023 in Dortmund präsentiert einen Fußball im Euro24 Design.

UEFA
EURO2024
GERMANY

ZENTRALE, LOGO UND MOTTO

Die Organisationszentrale für die Fußball-Europameisterschaft 2024 befindet sich in dem Gebäude, das früher die Zentrale des Deutschen Fußball-Bundes (DFB) in der Otto-Fleck-Schneise in Frankfurt beherbergte. Die Leitung der Geschäfte obliegt Andreas Schär, der im Auftrag der UEFA handelt, und Markus Stenger, der für den DFB tätig ist. Die Rolle des Turnierdirektors wird von Philipp Lahm ausgefüllt.

Am Abend des 5. Oktober 2021, genau um 20:24 Uhr, fand im Berliner Olympiastadion ein bedeutendes Ereignis statt. Anwesend waren UEFA-Präsident Aleksander Čeferin, der stellvertretende Präsident des Deutschen Fußball-Bundes (DFB) Rainer Koch, der Turnierdirektor Philipp Lahm sowie der Bürgermeister von Berlin, Michael Müller. Ebenso zugegen waren Repräsentanten der Städte, in denen die Spiele ausgetragen werden sollen. Der Anlass war die feierliche Enthüllung des Emblems für die Europameisterschaft sowie die Logos der Städte, die als Gastgeber für die Spiele dienen werden.

Das Leitmotiv der Fußball-Europameisterschaft trägt die Bezeichnung „United by Football. Vereint im Herzen Europas". Die primären Farbtöne, die im Emblem verwendet werden, sind eine Zusammenstellung, die sich aus den Nationalflaggen der 55 Mitgliedsorganisationen der UEFA zusammensetzt.

Im Bild: Team Deutschland mit EM-Bewerbung in Sinsheim 2018

INT IM HERZEN EUROPAS.
GERMAN
CANDIDATE F
UEFA EURO 2

SPIELORTE

Städte und Stadien, die Interesse an der Ausrichtung von Spielen der Fußball-Europameisterschaft 2024 hatten, waren bis zum 17. Februar 2017 aufgefordert, ihre Absichten dem Deutschen Fußball-Bund (DFB) mitzuteilen. Die Voraussetzung für die Bewerbung war, dass die Stadien mindestens 30.000 Sitzplätze bieten. Bis zu diesem Datum hatten 18 Städte und Stadien die notwendigen Dokumente eingereicht. Im Laufe des Bewerbungsprozesses zogen sich jedoch Dresden, Freiburg, Karlsruhe und Kaiserslautern zurück. Am festgelegten Termin hatten folgende Städte ihr Interesse bekundet: Berlin, Bremen, Dortmund, Düsseldorf, Frankfurt am Main, Gelsenkirchen, Hamburg, Hannover, Köln, Leipzig, Mönchengladbach, München, Nürnberg und Stuttgart. Diese 14 Städte und ihre jeweiligen Stadien wurden vom Bewerbungskomitee des DFB in Bezug auf die Kapazität der Stadien, die vorhandene Infrastruktur und die Sicherheitsvorkehrungen evaluiert.

Am 15. September 2017 traf das Präsidium des Deutschen Fußball-Bundes (DFB) eine Auswahl von zehn Städten für die Austragung der Fußball-Europameisterschaft 2024: Berlin, Dortmund, Düsseldorf, Frankfurt, Gelsenkirchen, Hamburg, Köln, Leipzig, München und Stuttgart. Die UEFA veröffentlichte am 22. Januar 2020 die offiziellen Namen der Stadien ohne Werbebezeichnungen sowie die Kapazitäten, die für die Dauer des Turniers gelten werden. Weiterhin gab die UEFA am 10. Mai 2022 bekannt, dass das Eröffnungsspiel am 14. Juni in der Münchner Fußball Arena ausgetragen wird, während das Finale am 14. Juli im Olympiastadion Berlin stattfinden soll.

Im Bild: Die Allianz Arena in München mit Sonderbeleuchtung anlässlich der Bewerbung um die UEFA Europameisterschaft Fußball 2018

GERMANY
UEFA EURO 2024
Allianz Arena
SECURITY CHECK

QUALIFIKATION

Am 9. Oktober 2022 fand die Ziehung der Gruppen für die Qualifikationsrunde in der Festhalle Frankfurt statt. Insgesamt wurden 53 UEFA-Mitgliedsnationen gemäß ihrer Platzierung in der Abschlusstabelle der UEFA Nations League in sieben Lostöpfe eingeteilt, die nach Leistungsstärke abgestuft waren. Dabei wurden Deutschland, als Ausrichter der Europameisterschaft, und Russland, aufgrund der Suspendierung infolge des Konflikts in der Ukraine, bei der Auslosung nicht berücksichtigt.

Ursprünglich war vorgesehen, dass Russland an der Ziehung der Lose beteiligt sein sollte, um für den Fall, dass die Suspendierung aufgehoben wird, kein neuerliches Losverfahren notwendig zu machen. Jedoch wurde Russland am 20. September 2022 auch von diesem Prozess ausgenommen. Nachdem die Gruppenphase der Qualifikationsrunde, die von März bis November 2023 andauert, abgeschlossen ist, werden 21 der insgesamt 24 Teilnehmerländer feststehen. Die verbleibenden drei Plätze für die Teilnahme an der Europameisterschaft werden durch Ausscheidungsspiele im März 2024 bestimmt.

Im Bild: Stuttgarter Fans demonstrieren mit einem Banner gegen den DFB und die Bewerbung um die UEFA EURO 2024 in der Mercedes-Benz Arena in Stuttgart 2018

Commando
1997
GERMANY
CANDIDATE FOR
UEFA EURO 2024
UNITED BY MONEY.
KORRUPT IM HERZEN EUROPAS
UEFA
50+1 BLEIBT!
35
akes a difference
KÄRCHER
makes a difference
Mercedes-Benz Bank Mercedes-Benz Bank Mercedes-Benz Bank

AUSLOSUNG DER ENDRUNDE UND REGELMODIFIKATION

Die Auslosung der EM-Gruppenphase fand am 2. Dezember 2023 in der Hamburger Elbphilharmonie statt. Die Teilnehmer werden aus 4 Lostöpfen in 6 Gruppen zu je 4 Mannschaften gelost. Da die Auslosung noch vor dem Play-off-Turnier stattfand, wurden drei Platzhalter für die Playoff-Sieger den Gruppen zugelost. Gastgeber Deutschland war in Gruppe A gesetzt.

Die 24 qualifizierten Mannschaften wurden auf vier Töpfe mit jeweils sechs Mannschaften aufgeteilt. Basis dafür war die Abschlusstabelle der Qualifikation:

- Topf mit dem Gastgeber und den fünf besten Gruppensiegern (Platz 1 – 5 der Abschlusstabelle)
- Topf mit den anderen fünf Gruppensiegern und dem besten Gruppenzweiten (Platz 6 – 11)
- Topf mit den nächsten sechs Gruppenzweiten (Platz 12 – 17) und
- Topf mit den letzten drei Gruppenzweiten (Platz 18 – 20) und den drei Gewinnern der Play-offs.

Im Unterschied zu den beiden vorherigen großen Fußballturnieren, der Europameisterschaft 2021 und der Weltmeisterschaft 2022, bei denen aufgrund der COVID-19-Pandemie Ausnahmen gemacht wurden, die es den Teams erlaubten, Kader mit 26 Spielern zu benennen, hat die UEFA entschieden, für die Europameisterschaft 2024 wieder zur traditionellen Kadergröße von 23 Spielern zurückzukehren.

Im Bild: Gerald Asamoah verteilt Eis in Gelsenkirchen als Botschafter für die Bewerbung zur Europameisterschaft 2024 in Deutschland 2018.

EM 202
TEDBYFOOTBALL

VORRUNDE

Am 10. Mai 2022 wurde der Zeitplan für die Fußball-Europameisterschaft 2024 veröffentlicht. Ein Jahr vor dem Start des Wettbewerbs, am 14. Juni 2023, legte die UEFA die genauen Startzeiten für die Begegnungen der Gruppenphase fest. An den ersten beiden Spieltagen, abgesehen vom Tag des Eröffnungsspiels, sind täglich drei Partien angesetzt. Diese beginnen jeweils um 15:00 Uhr, 18:00 Uhr und 21:00 Uhr. Daraus ergeben sich folgende Spiele in den Gruppen A bis F:

Gruppe A

Fr., 14. Juni 2024 um 21:00 Uhr (MESZ) in München
Deutschland – Schottland
Sa., 15. Juni 2024 um 15:00 Uhr (MESZ) in Köln
Ungarn – Schweiz
Mi., 19. Juni 2024 um 21:00 Uhr (MESZ) in Köln
Schottland – Schweiz
Mi., 19. Juni 2024 um 18:00 Uhr (MESZ) in Stuttgart
Deutschland – Ungarn
So., 23. Juni 2024 um 21:00 Uhr (MESZ) in Frankfurt am Main
Schweiz – Deutschland
So., 23. Juni 2024 um 21:00 Uhr (MESZ) in Stuttgart
Schottland – Ungarn

Gruppe B

Sa., 15. Juni 2024 um 18:00 Uhr (MESZ) in Berlin
Spanien – Kroatien
Sa., 15. Juni 2024 um 21:00 Uhr (MESZ) in Dortmund
Italien – Albanien
Mi., 19. Juni 2024 um 15:00 Uhr (MESZ) in Hamburg
Kroatien – Albanien
Do., 20. Juni 2024 um 21:00 Uhr (MESZ) in Gelsenkirchen
Spanien – Italien
Mo., 24. Juni 2024 um 21:00 Uhr (MESZ) in Leipzig
Kroatien – Italien
Mo., 24. Juni 2024 um 21:00 Uhr (MESZ) in Düsseldorf
Albanien – Spanien

Im Bild: Reinhard Grindel und Dr. Friedrich Curtius stellen Phillip Lahm als Botschafter der Bewerbung für die Europameisterschaft 2024 vor, beim außerordentlichen DFB-Bundestag 2017 in Frankfurt.

EM-BOTSCHAFTER
2024
LAHM

Gruppe C

So., 16. Juni 2024 um 21:00 Uhr (MESZ) in Gelsenkirchen
Serbien – England
So., 16. Juni 2024 um 18:00 Uhr (MESZ) in Stuttgart
Slowenien – Dänemark
Do., 20. Juni 2024 um 18:00 Uhr (MESZ) in Frankfurt am Main
Dänemark – England
Do., 20. Juni 2024 um 15:00 Uhr (MESZ) in München
Slowenien – Serbien
Di., 25. Juni 2024 um 21:00 Uhr (MESZ) in Köln
England – Slowenien
Di., 25. Juni 2024 um 21:00 Uhr (MESZ) in München
Dänemark – Serbien

Gruppe D

So., 16. Juni 2024 um 15:00 Uhr (MESZ) in Hamburg
Sieger Play-off A – Niederlande
Mo., 17. Juni 2024 um 21:00 Uhr (MESZ) in Düsseldorf
Österreich – Frankreich
Fr., 21. Juni 2024 um 18:00 Uhr (MESZ) in Berlin
Sieger Play-off A – Österreich
Fr., 21. Juni 2024 um 21:00 Uhr (MESZ) in Leipzig
Niederlande – Frankreich
Di., 25. Juni 2024 um 18:00 Uhr (MESZ) in Berlin
Niederlande – Österreich
Di., 25. Juni 2024 um 18:00 Uhr (MESZ) in Dortmund
Frankreich – Sieger Play-off A

Im Bild: Fans mit Deutschlandfahnen und einer Choreografie für die Bewerbung zur UEFA Europameisterschaft 2024 in Berlin im Jahr 2018.

Gillette
BRAHMA
BRAHMA
BRAHMA
CHEVROLET
NIKE.COM/BRASILEIRAGEM

Gruppe E

Mo., 17. Juni 2024 um 18:00 Uhr (MESZ) in Frankfurt am Main
Belgien – Slowakei
Mo., 17. Juni 2024 um 15:00 Uhr (MESZ) in München
Rumänien – Sieger Play-off B
Fr., 21. Juni 2024 um 15:00 Uhr (MESZ) in Düsseldorf
Slowakei – Sieger Play-off B
Sa., 22. Juni 2024 um 21:00 Uhr (MESZ) in Köln
Belgien – Rumänien
Mi., 26. Juni 2024 um 18:00 Uhr (MESZ) in Frankfurt am Main
Slowakei – Rumänien
Mi., 26. Juni 2024 um 18:00 Uhr (MESZ) in Stuttgart
Sieger Play-off B – Belgien

Gruppe F

Di., 18. Juni 2024 um 18:00 Uhr (MESZ) in Dortmund
Türkei – Sieger Play-off C
Di., 18. Juni 2024 um 21:00 Uhr (MESZ) in Leipzig
Portugal – Tschechien
Sa., 22. Juni 2024 um 18:00 Uhr (MESZ) in Dortmund
Türkei – Portugal
Sa., 22. Juni 2024 um 15:00 Uhr (MESZ) in Hamburg
Sieger Play-off C – Tschechien
Mi., 26. Juni 2024 um 21:00 Uhr (MESZ) in Gelsenkirchen
Sieger Play-off C – Portugal
Mi., 26. Juni 2024 um 21:00 Uhr (MESZ) in Hamburg
Tschechien – Türkei

Im Bild: Das Logo der UEFA Euro 2024

TM
UEFA
EURO2024
GERMANY

RANGLISTE DER GRUPPENDRITTEN UND FINALRUNDE

Um die Rangfolge der Gruppendritten zu bestimmen, die sich für das Achtelfinale der Fußball-Europameisterschaft 2024 qualifizieren, werden verschiedene Kriterien in einer festgelegten Reihenfolge angewandt. Zunächst wird die Anzahl der Punkte herangezogen, gefolgt von der Tordifferenz. Sollten diese Kriterien keine Entscheidung herbeiführen, wird die Anzahl der erzielten Tore betrachtet. Ist auch dies nicht aussagekräftig, entscheidet die Anzahl der Siege. Bleibt die Platzierung weiterhin unklar, kommt die Fair-Play-Wertung zum Tragen. Als letztes Kriterium dient die Platzierung in der EM-Qualifikation. Sollte die deutsche Nationalmannschaft betroffen sein und keine Entscheidung durch die vorherigen Kriterien möglich sein, wird das Weiterkommen durch das Ziehen von Losen entschieden.

Im Verlauf der Endrunde der Europameisterschaft schreitet jeweils das siegreiche Team in die nächste Runde vor, während für die besiegten Teams das Turnier zu Ende ist. Es gibt keine weiteren Spiele, um die restlichen Platzierungen zu bestimmen. Im Gegensatz zu den Weltmeisterschaften wird kein Spiel um den dritten Platz, oft als "Kleines Finale" bezeichnet, ausgetragen. Ein Sieg nach einer Verlängerung wird mit einem "V" gekennzeichnet, während ein Sieg, der durch ein Elfmeterschießen entschieden wurde, mit einem "E" markiert wird.

Im Bild: Das EM-Maskottchen 2024, ein Teddybär, zu Gast beim Freundschaftsspiel zwischen Deutschland und Kolumbien in der Veltins Arena in Gelsenkirchen 2023

WÜRTH
24

ÜBERTRAGUNG

Die Übertragung der Finalspiele der Fußball-Europameisterschaft 2024 wird auf verschiedenen Fernsehkanälen stattfinden. Der Bezahlsender MagentaTV wird alle 51 Spiele zeigen. Die öffentlich-rechtlichen Sender Das Erste und ZDF werden zusammen 34 Spiele ausstrahlen, während der private Sender RTL 17 Spiele übertragen wird.

Im März des Jahres 2021 kamen die Deutsche Telekom sowie die Rundfunkanstalten ARD, ZDF und RTL zu einer Übereinkunft bezüglich des Erwerbs von Sublizenzen. Diese Einigung beinhaltet eine Aufteilung der Senderechte für die Fußball-Europameisterschaft 2024, wobei die öffentlich-rechtlichen Sender Das Erste und ZDF sowie die Telekom beteiligt sind. Diese Aufteilung ist Teil einer umfassenderen Abmachung, in deren Rahmen Das Erste und ZDF im Austausch einen Teil ihrer Senderechte für die EM 2021 und die Fußball-Weltmeisterschaft 2022 an die Telekom abgeben. Weder die Telekom noch die beteiligten Rundfunkanstalten haben öffentliche Angaben zur finanziellen Höhe ihrer Investitionen gemacht.

Gemäß der Fachpublikation Medienkorrespondenz haben Das Erste und das ZDF für die Sublizenzrechte an der Fußball-Europameisterschaft 2024 einen Betrag von 150 Millionen Euro entrichtet. Diese öffentlich-rechtlichen Sender werden alle Partien der deutschen Fußballnationalmannschaft live übertragen. Zusätzlich werden sie 22 Spiele der Gruppenphase, einschließlich des Eröffnungsspiels, sechs Spiele des Achtelfinals, drei Begegnungen des Viertelfinals, beide Halbfinalspiele sowie das Finale senden. Der Privatsender RTL wird 14 Spiele der Gruppenphase, zwei Achtelfinalspiele und ein Viertelfinalspiel ausstrahlen. Alle drei Fernsehsender haben darüber hinaus die Erlaubnis erhalten, Zusammenfassungen aller 51 Spiele der Europameisterschaft zu zeigen. MagentaTV hingegen wird die Übertragungsrechte für sämtliche 51 Spiele innehaben.

Im Bild: Blick ins Estadio Algarve in Almancil vor dem UEFA Euro 2024 Qualifikationsspiel der Gruppe B zwischen Gibraltar und der Republik Irland 2023

PEACE – МИР
EUROPEAN QUALIFIERS
visitQATAR
Hisense
WÜRTH

NATIONALTRAINER JULIAN NAGELSMANN

Der neu eingesetzte Fußballtrainer der deutschen Nationalmannschaft ist Julian Nagelsmann. Er wurde am 23. Juli 1987 geboren und war ursprünglich selbst aktiver Spieler, musste seine Spielerkarriere jedoch früh aufgrund von Verletzungen beenden und fand seinen Weg ins Trainergeschäft zunächst in der Jugendabteilung des FC Augsburg. Seine Trainerlaufbahn nahm Fahrt auf, als er 2012 mit nur 25 Jahren als Trainerassistent bei der TSG 1899 Hoffenheim begann. Er stieg schnell auf und wurde im Februar 2016 zum Cheftrainer befördert, womit er zum jüngsten Cheftrainer in der Geschichte der Bundesliga avancierte. Nach erfolgreichen Jahren in Hoffenheim wechselte er 2019 zu RB Leipzig und übernahm 2021 das Ruder beim FC Bayern München, wo er 2022 die deutsche Meisterschaft gewann. Seit September 2023 trägt Nagelsmann die Verantwortung als Bundestrainer der deutschen Nationalmannschaft.

Im Bild: Julian Nagelsmann, Trainer der deutschen Fußballnationalmannschaft, während des Freundschaftsspiels zwischen Österreich und Deutschland am 21. November 2023 im Ernst-Happel-Stadion in Wien, Österreich.

DER DEUTSCHE KADER

Nach der letzten Weltmeisterschaft steht im Fokus bei der EM 2024 der deutsche Kader. Nachfolgend werden die Spieler vorgestellt, um einen Überblick über die Spieler und ihr Potenzial auf den Titel zu vermitteln.

Manuel Neuer, geboren am 27. März 1986 in Gelsenkirchen, wird in der Position des Fußballtorwarts bei der EM antreten. Seine Karriere begann er in der Jugendabteilung des FC Schalke 04, bevor er 2005 in die erste Mannschaft aufstieg. Mit Schalke holte er 2011 den DFB-Pokal. Seit 2011 hütet er das Tor des FC Bayern München und feierte dort zahlreiche Erfolge, darunter das Triple 2013 und das Sextuple 2020. Als Teil der deutschen Nationalmannschaft krönte er seine Laufbahn mit dem Weltmeistertitel 2014 in Brasilien. Neuer, der von September 2016 bis Oktober 2023 als Kapitän der Nationalmannschaft und seit Sommer 2017 als Kapitän des FC Bayern München fungierte, wird für seine revolutionäre Spielweise als Torwart gefeiert. Seine Leistungen brachten ihm mehrere Auszeichnungen ein, darunter die Wahl zum Welttorhüter der Dekade 2011–2020 durch die IFFHS und fünfmal zum Welttorhüter des Jahres, was ihn neben Gianluigi Buffon und Iker Casillas zum Rekordhalter macht. Zudem wurde er 2020 zum FIFA-Welttorhüter des Jahres gekürt und erhielt zweimal die Auszeichnung als Deutschlands Fußballer des Jahres.

Im Bild: Manuel Neuer vom FC Bayern München während des 5. Spieltags der Vorrunde der UEFA Champions League 2023/2024 gegen den FC Kopenhagen in der Allianz-Arena in München 2023

Joshua Kimmich, geboren am 8. Februar 1995 in Rottweil, ist seit 2015 für den FC Bayern München spielt und mit dem Verein zahlreiche Titel, darunter das Triple im Jahr 2020, gewonnen hat.

Kimmich begann seine Karriere beim VfB Bösingen und wechselte später in die Jugend des VfB Stuttgart. Nachdem er dort alle Jugendmannschaften durchlaufen hatte, wechselte er zu RB Leipzig, wo er zum Profi wurde und half, den Verein in die 2. Bundesliga aufsteigen zu lassen. 2015 wechselte er zum FC Bayern München, wo er sich als vielseitiger Spieler etablierte und mehrere nationale und internationale Titel gewann. Er trat die Nachfolge von Philipp Lahm als Rechtsverteidiger an und wurde unter verschiedenen Trainern eingesetzt.

In der Nationalmannschaft debütierte Kimmich 2016 und wurde schnell zum Stammspieler. Er nahm an mehreren großen Turnieren teil, darunter die Europameisterschaft 2016, bei der er ins All-Star-Team gewählt wurde, und den FIFA-Konföderationen-Pokal 2017, den Deutschland gewann.

Kimmich hat mehrere individuelle Auszeichnungen erhalten, darunter die Nominierung für den Ballon d'Or und die Wahl zum Europas Verteidiger des Jahres 2020. Er ist auch sozial engagiert und gründete mit Leon Goretzka die Initiative We Kick Corona.

Im Jahr 2021 geriet Kimmich in die Schlagzeilen, weil er sich zunächst gegen eine COVID-19-Impfung entschieden hatte, was zu öffentlicher Kritik führte. Er infizierte sich später mit dem Virus und äußerte Bedauern über seine Entscheidung, sich nicht impfen zu lassen.

Kimmich ist verheiratet mit Lina Meyer und Vater von drei Kindern. Er hat auch in Medienprojekten mitgewirkt, darunter eine Dokumentation über seinen Weg zum Profifußballer und einen Gastauftritt in der Kino-Komödie "Fack ju Göhte 3".

Im Bild: Joshua Kimmich am Ball während des UEFA Champions League Spiels gegen FC Kopenhagen am 5. Spieltag der Gruppenphase A 2023 in München

Timo Werner, geboren am 6. März 1996 in Stuttgart, spielt als Fußballstürmer aktuell für RB Leipzig. Aufgewachsen in Stuttgart, begann er seine Karriere beim VfB Stuttgart, wo er als Jugendlicher beeindruckte und schließlich zum jüngsten Pflichtspieldebütanten des Clubs wurde. Seine Leistungen brachten ihm die Fritz-Walter-Medaille in Gold ein.

2016 wechselte Werner zu RB Leipzig und machte Schlagzeilen, als er in eine umstrittene Elfmetersituation verwickelt war. Trotzdem zeigte er sich als erfolgreicher Torschütze und trug maßgeblich zur starken Positionierung von Leipzig in der Bundesliga bei. 2020 zog es ihn zum FC Chelsea, wo er sich anfangs an die Premier League anpassen musste, aber letztlich half, die Champions League zu gewinnen.

2022 kehrte Werner zu RB Leipzig zurück und erreichte dort seinen 100. Bundesligatreffer. International debütierte er 2010 für die deutsche U15-Nationalmannschaft und arbeitete sich bis in die A-Nationalmannschaft hoch, wo er 2017 beim Confed-Cup Torschützenkönig wurde. Verletzungsbedingt verpasste er die WM 2022.

Werner hat mehrere persönliche Auszeichnungen erhalten, darunter den Goldenen Schuh beim FIFA-Konföderationen-Pokal 2017 und die Fritz-Walter-Medaille. Er hält zudem mehrere Rekorde beim VfB Stuttgart und erreichte als jüngster Spieler 100 Bundesligaeinsätze.

Im Bild: Timo Werner während des Spiels der 1. Fußball-Bundesliga Saison 2023/2024 gegen den SC Freiburg in der Red Bull Arena in Leipzig 2023

Thomas Müller, geboren am 13. September 1989 in Weilheim in Oberbayern, ist seit seinem elften Lebensjahr für den FC Bayern München unter Vertrag. Er hat mit dem Verein mehrere deutsche Meisterschaften und Pokalsiege errungen und war Teil der Mannschaften, die 2013 und 2020 das Triple gewannen. International feierte er 2014 mit dem Gewinn der Weltmeisterschaft in Brasilien einen seiner größten Erfolge. Müller hält den Rekord für die meisten deutschen Meistertitel mit insgesamt zwölf.

Müller wuchs in Pähl auf, war Ministrant und machte 2008 sein Abitur in Weilheim. Er ist seit 2009 mit der Dressurreiterin Lisa Müller verheiratet und hat ein Hobby als Pferdezüchter.

Seine Karriere beim FC Bayern begann in der Jugend und führte ihn durch alle Altersklassen bis zu den Profis. Er debütierte 2008 in der Bundesliga und wurde schnell zum Stammspieler. Müller ist bekannt für seine Vielseitigkeit im Angriff und hat zahlreiche persönliche Rekorde aufgestellt, darunter die meisten Tore in der Champions League für einen deutschen Spieler. Er wurde zum Kapitän ernannt und erreichte 2022 mit seiner elften Meisterschaft einen neuen Rekord. Müller hat auch gegen jeden aktuellen Bundesliga-Klub getroffen und 2023 seinen 100. Champions-League-Sieg erzielt. Sein Vertrag beim FC Bayern läuft bis 2024.

In der Nationalmannschaft spielte Müller zunächst in den Juniorenteams und debütierte 2010 in der A-Nationalmannschaft. Er machte sich einen Namen bei der WM 2010, wo er fünf Tore erzielte und den Goldenen Schuh gewann.

Im Bild: Thomas Müller in Aktion während des Spiels gegen den FC Kopenhagen am 5. Spieltag der Vorrunde der UEFA Champions League 2023/2024 in der Allianz-Arena in München 2023

İlkay Gündoğan, geboren am 24. Oktober 1990 in Gelsenkirchen, ist ein deutscher Fußballspieler türkischer Abstammung, der aktuell beim FC Barcelona spielt und bei der EM ebenfalls Teil des deutschen Kaders sein wird. Er gewann mit Borussia Dortmund die deutsche Meisterschaft 2012 und mit Manchester City fünf englische Meisterschaften sowie die Champions League 2023. Im selben Jahr wurde er zum Fußballer des Jahres in Deutschland gekürt und zum Kapitän der Nationalmannschaft ernannt.

Gündoğan begann seine Karriere beim SV Gelsenkirchen-Hessler und spielte später für den 1. FC Nürnberg, wo er sich als wichtiger Spieler etablierte. Nach einem erfolgreichen Wechsel zu Borussia Dortmund und einer herausfordernden Zeit mit Verletzungen, wechselte er zu Manchester City, wo er unter anderem fünf Meisterschaften gewann. 2023 wechselte er zum FC Barcelona.

Als Nationalspieler debütierte Gündoğan 2011 und nahm an mehreren großen Turnieren teil, obwohl Verletzungen ihn von einigen Wettbewerben fernhielten. Er ist auch für sein soziales Engagement bekannt und setzt sich für Klimaschutz und Nachhaltigkeit ein.

Gündoğan heiratete 2022 die Moderatorin und Model Sara Arfaoui und wurde 2023 Vater eines Sohnes. Er besitzt ausschließlich die deutsche Staatsangehörigkeit und ist mit seiner türkischen Herkunft eng verbunden, was 2018 zu Kontroversen führte, als er und Mesut Özil den türkischen Präsidenten Erdoğan trafen. Trotz Kritik betonte Gündoğan seine Dankbarkeit, für Deutschland zu spielen.

Im Bild: Ilkay Gündogan im Spiel der La Liga EA Sports zwischen FC Barcelona und Atletico Madrid, ausgetragen im Lluis Companys Stadion in Barcelona 2023

Antonio Rüdiger, geboren am 3. März 1993 in Berlin, spielt aktuell für Real Madrid. Seine Mutter floh aus Sierra Leone nach Deutschland, und er wuchs mit Geschwistern in Berlin-Neukölln auf. Sein Halbbruder Sahr Senesie, ebenfalls ein ehemaliger Profifußballer, ist seit 2015 sein Berater.

Rüdiger begann seine Karriere bei lokalen Berliner Vereinen, bevor er 2008 zu Borussia Dortmund wechselte. 2011 unterschrieb er beim VfB Stuttgart, wo er 2012 sein Bundesliga-Debüt gab und sich als Innenverteidiger etablierte. Nach einer Meniskusverletzung und einem grippalen Infekt wechselte er 2015 zur AS Rom, wo er sich trotz Verletzungen als Stammspieler durchsetzte.

2017 wechselte Rüdiger für 35 Millionen Euro zum FC Chelsea, gewann dort den FA Cup und die Europa League und wurde unter Trainer Thomas Tuchel Champions-League-Sieger. Nach fünf Jahren in London, in denen er auch den UEFA Super Cup und die FIFA-Klub-Weltmeisterschaft gewann, wechselte er 2022 ablösefrei zu Real Madrid, wo er weitere Titel wie die Klub-Weltmeisterschaft und den UEFA-Superpokal hinzufügte.

In der Nationalmannschaft erzielte Rüdiger wichtige Tore für die U18 und U19, debütierte 2014 in der A-Nationalmannschaft und war Teil des Confed-Cup-Siegerkaders 2017. Er spielte bei der EM 2016, WM 2018 und EM 2021 und wurde für die WM 2022 nominiert.

Rüdiger, ein praktizierender Muslim, ist verheiratet, Vater von zwei Kindern und wurde zum Fußball-Botschafter Sierra Leones ernannt.

Im Bild: Antonio Rüdiger in Aktion während des La Liga-Spiels zwischen Real Madrid und Granada CF 2023 im Santiago Bernabéu-Stadion in Madrid

Emirates
FLY BETTER

Leon Goretzka, geboren am 6. Februar 1995 in Bochum, begann seine Karriere beim Werner SV 06 Bochum, bevor er zum VfL Bochum wechselte und dort 12 Jahre lang spielte. 2013 schloss er sich dem FC Schalke 04 an, wo er fünf Jahre verbrachte und sich als Mittelfeldspieler etablierte. Seit 2018 spielt Goretzka für den FC Bayern München und gewann mit dem Verein 2020 das Triple aus Bundesliga, DFB-Pokal und Champions League.

Goretzka hat zahlreiche Erfolge auf nationaler und internationaler Ebene erzielt, darunter fünf deutsche Meisterschaften, zwei DFB-Pokalsiege und drei DFL-Supercups mit Bayern München. International gewann er die Champions League, den Klub-Weltmeister-Titel und den UEFA-Super-Cup im Jahr 2020. Mit der Nationalmannschaft holte er 2017 den Confed-Cup und gewann bei den Olympischen Spielen 2016 die Silbermedaille.

Als Spieler ist Goretzka für seine Dynamik, sein Ballgefühl und seine Torgefährlichkeit bekannt. Er wird hoch gelobt für sein Spielverständnis und seine Vielseitigkeit im Mittelfeld. Abseits des Platzes engagiert er sich sozial, unter anderem mit der Initiative "We Kick Corona", die er zusammen mit Joshua Kimmich gründete, um sozialen und karitativen Einrichtungen zu helfen. Goretzka hat sich auch öffentlich gegen die AfD positioniert und nahm an der 17. Bundesversammlung teil. Er hat ein Abitur und ist das Gesicht mehrerer Fußballdatenbanken und -websites.

Im Bild: Leon Goretzka am Ball während des UEFA Champions League Spiels gegen FC Kopenhagen am 5. Spieltag der Gruppe A 2023 in München

Niklas Süle, geboren am 3. September 1995 in Frankfurt am Main, ist seit 2022 als Innenverteidiger für Borussia Dortmund unter Vertrag. Zuvor war er bei der TSG 1899 Hoffenheim und dem FC Bayern München aktiv und ist seit 2016 Teil der deutschen Nationalmannschaft.

Süles ungarische Wurzeln gehen auf seinen Großvater zurück, der aus Budapest nach Deutschland auswanderte. Trotz der Trennung seiner Eltern im Alter von vier Jahren und einem älteren Bruder, der ebenfalls fußballbegeistert ist, machte Süle seinen Realschulabschluss und wurde von der Initiative "Anpfiff ins Leben" unterstützt.

Seine Karriere begann er bei Rot-Weiß Walldorf, wechselte dann zu Eintracht Frankfurt und später zu SV Darmstadt 98, bevor er zur TSG 1899 Hoffenheim kam. Dort stieg er schnell auf und wurde zum jüngsten Spieler der TSG in der Bundesliga. Nach einer starken Saison 2014/15, trotz eines Kreuzbandrisses, wurde er als effektivster Verteidiger der Liga anerkannt und schaffte es in die U21-Nationalmannschaft und später in die A-Nationalmannschaft.

Beim FC Bayern München, zu dem er 2017 wechselte, gewann er mehrere Titel, darunter die deutsche Meisterschaft und den DFB-Pokal. Trotz zweier Kreuzbandrisse blieb er ein wichtiger Teil der Mannschaft und trug zum Gewinn des Sextuples im Jahr 2020 bei.

Bei Borussia Dortmund unterschrieb er 2022 einen Vertrag bis 2026 und tritt dort in die Fußstapfen von Mats Hummels, mit dem er bereits in München zusammengespielt hatte. Mit seiner Erfahrung und Zweikampfstärke ist Süle eine wichtige Stütze der Dortmunder Defensive.

Im Bild: Niklas Süle 2023 während des Spiels der 1. Bundesliga gegen Borussia Mönchengladbach auf der Reservebank

L IDUNA
Liebe.
1&1

Leroy Sané, geboren am 11. Januar 1996 in Essen, ist der Sohn des ehemaligen senegalesischen Fußballers Souleymane Sané und der deutschen Gymnastin Regina Weber. Sané wuchs in Wattenscheid auf und begann seine Fußballkarriere bei der SG Wattenscheid 09, bevor er zu Schalke 04 und später zu Bayer 04 Leverkusen wechselte. Er kehrte zu Schalke zurück und wurde Profi, bevor er 2016 für eine geschätzte Ablösesumme von 50 Millionen Euro zu Manchester City wechselte. Dort gewann er unter Trainer Pep Guardiola die englische Meisterschaft und wurde zum besten Nachwuchsspieler der Premier League gekürt.

Sané, bekannt für seine Technik und Schnelligkeit, wechselte 2020 zum FC Bayern München und gewann dort weitere Titel, darunter die deutsche Meisterschaft. International spielte er für verschiedene deutsche Jugendnationalmannschaften und debütierte 2015 in der A-Nationalmannschaft. Trotz einer überraschenden Nichtberücksichtigung für die WM 2018, wurde er für die EM 2021 und die WM 2022 nominiert.

Im Bild: Leroy Sané am Ball während des UEFA Champions League Spiels gegen FC Kopenhagen am 5. Spieltag der Gruppe A 2023 in München

pepsi

Lukas Nmecha, geboren am 14. Dezember 1998 in Hamburg, spielt aktuell für den VfL Wolfsburg. Er hat sowohl die deutsche als auch die britische Staatsbürgerschaft und stammt aus einer Familie mit sportlichem Hintergrund. Sein jüngerer Bruder Felix ist ebenfalls Fußballer.

Nmechas Karriere begann, als er mit neun Jahren von Manchester City entdeckt wurde. Nachdem er sich in den Jugendmannschaften des Klubs bewährt hatte, debütierte er 2017 in der ersten Mannschaft unter Pep Guardiola. Trotz einer Vertragsverlängerung bis 2021 bei City, verbrachte Nmecha die folgenden Jahre auf Leihbasis bei verschiedenen Klubs, darunter Preston North End, VfL Wolfsburg und FC Middlesbrough, bevor er eine erfolgreiche Saison beim RSC Anderlecht unter Vincent Kompany spielte, wo er 18 Tore erzielte. Zur Saison 2021/22 kehrte er fest zum VfL Wolfsburg zurück und unterschrieb einen Vertrag bis 2025.

International spielte Nmecha zunächst für englische Jugendnationalmannschaften und gewann die U19-Europameisterschaft 2017. Später wechselte er zur deutschen U21, mit der er 2021 U21-Europameister wurde und als Torschützenkönig hervorging. Im November 2021 debütierte er in der deutschen A-Nationalmannschaft. Zu seinen Erfolgen zählen der Gewinn des englischen Ligapokals 2018 und die Auszeichnung als Torschützenkönig der U21-Europameisterschaft 2021.

Im Bild: Lukas Nmecha beim Fototermin des VfL Wolfsburg für die 1. Bundesliga-Saison 2023/2024 in Wolfsburg

Julian Brandt, geboren am 2. Mai 1996 in Bremen, steht aktuell bei Borussia Dortmund unter Vertrag und ist Teil der deutschen Nationalmannschaft. Seine Karriere begann er in den Jugendmannschaften des SC Borgfeld und des FC Oberneuland, bevor er zum VfL Wolfsburg wechselte. Dort machte er sich einen Namen in der U17 und U19, was ihm einen Wechsel zu Bayer 04 Leverkusen einbrachte. Bei Leverkusen etablierte er sich als Profi und wurde Nationalspieler. 2019 wechselte er zu Borussia Dortmund, wo er sich nach anfänglichen Schwierigkeiten als Stammspieler etablierte und wichtige Rollen im Mittelfeld übernahm.

Brandt hat mit der deutschen Olympia-Auswahl 2016 die Silbermedaille gewonnen und war Teil des DFB-Teams, das 2017 den FIFA-Konföderationen-Pokal holte. Trotz einer Formkrise und Kritik von ehemaligen Nationalspielern wie Michael Ballack und Dietmar Hamann, unterstützt Dortmunds Sportdirektor Michael Zorc ihn weiterhin. Brandt hat mit Dortmund den DFB-Pokal 2021 und den DFL-Supercup 2019 gewonnen.

In der Nationalmannschaft debütierte er 2016 und wurde für die EM in Frankreich nominiert, schaffte es aber nicht in den endgültigen Kader. Er erzielte seinen ersten Treffer für die A-Nationalmannschaft im Juni 2017 und nahm an der Weltmeisterschaft 2018 teil. Für die WM 2022 wurde er nominiert, kam aber nicht zum Einsatz.

Er hält den Rekord für die meisten aufeinanderfolgenden Bundesligaspiele eines U20-Spielers mit mindestens einem Tor.

Im Bild: Julian Brandt mit dem Ball am Fuß während des Spiels der 1. Fußball-Bundesliga zwischen Bayer 04 Leverkusen und Borussia Dortmund 2023 in der BayArena in Leverkusen

Bayer
1&1
IMMER IM

Matthias Ginter, geboren am 19. Januar 1994 in Freiburg, spielt als Innenverteidiger. Er begann seine Karriere beim SC March und wechselte später in der Jugendabteilung des SC Freiburg. Nachdem er sich dort einen Namen gemacht hatte, rückte er 2012 in die Profimannschaft auf und erzielte in seinem ersten Bundesliga-Spiel den Siegtreffer. Ginter spielte auch für Borussia Dortmund, mit denen er 2017 den DFB-Pokal gewann, und für Borussia Mönchengladbach, bevor er 2022 zum SC Freiburg zurückkehrte.

Auf internationaler Ebene wurde Ginter 2014 mit der deutschen Nationalmannschaft Weltmeister, obwohl er nicht zum Einsatz kam. Er gewann Silber bei den Olympischen Spielen 2016 und den FIFA-Konföderationen-Pokal 2017. Nach der WM 2018, bei der Deutschland früh ausschied, wurde Ginter ein regelmäßiger Spieler für die Nationalmannschaft und erzielte 2019 sein erstes Länderspieltor.

Ginter ist bekannt für seine saubere Spielweise, erhielt in 206 Bundesligaspielen nur 15 gelbe Karten und wurde nie vom Platz gestellt. Neben seiner Fußballkarriere absolvierte er das Abitur und ein Fernstudium zum Sportmanager. Er ist verheiratet, Vater eines Sohnes und engagiert sich mit seiner Stiftung für benachteiligte Kinder und Jugendliche. Nach ihm wurde das Stadion seines Heimatvereins SC March benannt. Ginter erlebte die Terroranschläge in Paris 2015 und den Anschlag auf den BVB-Bus 2017, blieb aber unverletzt.

Im Bild: Matthias Ginter während des Bundesliga-Spiels der Saison 2023/2024 gegen SV Darmstadt 98 am 12. Spieltag im Europa-Park Stadion

JOBRAD
28

Jonathan Tah, geboren am 11. Februar 1996 in Hamburg,spielt seit der Saison 2015/16 bei Bayer 04 Leverkusen. Tah begann seine Karriere in den Jugendmannschaften von Altona 93 und SC Concordia, bevor er 2009 zum Hamburger SV wechselte. Dort wurde er schnell zum Stammspieler und verlängerte seinen Vertrag im Januar 2013 vorzeitig bis 2016. Nachdem er in der Saison 2013/14 zum festen Bestandteil des Profikaders des HSV aufgestiegen war, verlängerte er seinen Vertrag erneut bis 2018. Trotz eines starken Starts unter Trainer Bert van Marwijk, wurde Tah unter Mirko Slomka nur noch selten eingesetzt.

Für die Saison 2014/15 wurde er an Fortuna Düsseldorf ausgeliehen, wo er sich als Leistungsträger etablierte und 23 Ligaspiele absolvierte. Nach seiner Rückkehr zum HSV äußerte Tah den Wunsch, zu Bayer Leverkusen zu wechseln, wo er einen Fünfjahresvertrag unterschrieb und seitdem regelmäßig in der Bundesliga und Champions League spielt. Sein Vertrag bei Leverkusen läuft bis 2025.

International hatte Tah die Wahl zwischen der deutschen und der ivorischen Nationalmannschaft, entschied sich aber für Deutschland. Er führte die U17 als Kapitän zum Algarve-Cup-Sieg 2013 und spielte auch für die U16 und U19. Im März 2016 wurde er von Joachim Löw erstmals für die A-Nationalmannschaft nominiert und nahm an der EM 2016 teil, kam jedoch nicht zum Einsatz. Als Kapitän führte er die U21-Nationalmannschaft ins Finale der U21-EM 2019.

Tah, dessen Mutter Deutsche und dessen Vater von der Elfenbeinküste ist, spricht Deutsch, Englisch und Französisch. Er hat neben seiner Fußballkarriere die Fachhochschulreife erworben. Für seine Leistungen wurde er 2014 als Jugendspieler des Jahres ausgezeichnet und erhielt 2015 die Fritz-Walter-Medaille in Gold für die U19.

Im Bild: Jonathan Tah in einer Einzelaktion mit dem Ball während des Bundesliga-Spiels gegen Borussia Dortmund 2023 in der BayArena in Leverkusen

armenia
trive

Youssoufa Moukoko, geboren am 20. November 2004 in Kamerun, ist Stürmer bei Borussia Dortmund. Er fiel schon früh durch seine außergewöhnlichen Leistungen auf und wurde mit 15 Jahren Teil des Profikaders von Borussia Dortmund, wo er Rekorde als jüngster Spieler in der Bundesliga und Champions League aufstellte. Trotz Kontroversen um sein Alter, das durch eine Geburtsurkunde belegt, aber auch angezweifelt wurde, bestätigte das Standesamt Hamburg-Harburg sein Geburtsdatum.

Moukoko wuchs in Yaoundé auf und zog mit zehn Jahren nach Deutschland, wo er beim FC St. Pauli begann und schnell in höhere Jugendmannschaften aufstieg. 2016 wechselte er zu Borussia Dortmunds Jugendakademie und brach dort mehrere Torschützenrekorde. Sein Talent führte zu einem Profivertrag und einem Werbevertrag mit Nike. Nach einer Regeländerung der DFL konnte er bereits mit 16 Jahren in der Bundesliga spielen und erzielte bald sein erstes Tor.

In der Nationalmannschaft debütierte Moukoko 2017 für die deutsche U16 und spielte später auch für die U19 und U21. Er wurde zweimal mit der Fritz-Walter-Medaille ausgezeichnet und stieg 2022 in die A-Nationalmannschaft auf. Trotz Verletzungen und Konkurrenz im Verein etablierte er sich als wichtiger Spieler für Dortmund und wurde mit dem Verein Vizemeister. Seine Zukunft im Verein und in der Nationalmannschaft gilt als vielversprechend.

Im Bild: Youssoufa Moukoko von Borussia Dortmund während des Bundesliga-Spiels gegen Bayer 04 Leverkusen am 13. Spieltag der Saison 2023/2024 in Leverkusen

BVB
09
1&1

Lukas Klostermann, geboren am 3. Juni 1996 in Herdecke, ist Verteidiger bei RB Leipzig. Seine Fußballkarriere begann in der Jugend bei VfL Gevelsberg und SSV Hagen, bevor er zum VfL Bochum wechselte. Dort wurde er zum Profi und führte die B-Jugend als Kapitän an. 2014 wechselte er zu RB Leipzig, wo er schnell zum Stammspieler aufstieg und half, den Verein in die Bundesliga zu führen. Trotz eines Kreuzbandrisses, der ihn in der Saison nach dem Aufstieg größtenteils außer Gefecht setzte, spielte Klostermann eine Schlüsselrolle bei Leipzigs Erfolgen, einschließlich des Erreichens des DFB-Pokal-Endspiels und des Viertelfinals der Champions League.

Auf internationaler Ebene spielte Klostermann für verschiedene deutsche Jugendnationalmannschaften und wurde 2016 für die Olympischen Spiele nominiert, wo er mit der Mannschaft die Silbermedaille gewann. Er debütierte 2019 in der A-Nationalmannschaft und nahm an der Europameisterschaft 2021 teil. Im November 2022 wurde er für die Fußball-Weltmeisterschaft ausgewählt.

Klostermanns Erfolge mit RB Leipzig umfassen den Aufstieg in die Bundesliga, zweimaliger deutscher Vizemeister, DFB-Pokal-Sieger und DFL-Supercup-Sieger. Er wurde auch mit der Fritz-Walter-Medaille in Bronze ausgezeichnet. Abseits des Platzes besuchte er ein Gymnasium in Gevelsberg und hat eine jüngere Schwester, Lisa, die ebenfalls professionell Fußball spielt.

Im Bild: Lukas Klostermann während des Bundesligaspiels gegen den 1. FC Heidenheim 1846 in der Red Bull Arena am 13. Spieltag der Saison 2023/2024

Robin Gosens, geboren am 5. Juli 1994 in Emmerich am Rhein, spielt als linker Außenverteidiger für den 1. FC Union Berlin spielt. Aufgewachsen in Elten, begann er seine Fußballkarriere bei Fortuna Elten und wechselte später zu verschiedenen Amateurvereinen, bevor er von Vitesse Arnheim entdeckt wurde. Nach einer erfolgreichen Leihe beim FC Dordrecht und einer Zeit bei Heracles Almelo, wechselte er zu Atalanta Bergamo in Italien. Dort etablierte er sich als Stammspieler und erlebte Höhepunkte in der Serie A und der Champions League. Im Januar 2022 ging Gosens zu Inter Mailand, wo er trotz einer Verletzung zum Gewinn der Coppa Italia beitrug und das Champions-League-Finale erreichte.

Im August 2023 erfüllte sich Gosens seinen Traum von der Bundesliga, indem er zu Union Berlin wechselte und zum Rekordtransfer des Clubs wurde. International debütierte er 2020 für Deutschland und spielte bei der EM 2021, wurde jedoch für die WM 2022 nicht nominiert. Neben dem Fußball hat Gosens einen Bachelor in Psychologie und veröffentlichte 2021 seine Autobiografie. Er ist Fan des FC Schalke 04 und besitzt neben der deutschen auch die niederländische Staatsbürgerschaft.

Im Bild: Robin Gosens vom 1. FC Union Berlin während der Pressekonferenz am Tag vor dem Spiel gegen SC Sporting Braga in der Saison 2023/2024

CHAMPIONS
LEAGUE
CHAMPIONS
LEAGUE
FedEx
PS5
Lay's
oppo
Heineken
oppo
PS5
Lay's

Serge Gnabry, geboren am 14. Juli 1995 in Stuttgart, kehrte, nachdem er in seiner Jugend nach England gewechselt war, 2016 in die Bundesliga zurück. Im selben Jahr errang er mit der deutschen Olympia-Mannschaft die Silbermedaille bei den Olympischen Spielen in Brasilien und debütierte in der deutschen Nationalmannschaft. Seit Juli 2017 spielt er für den FC Bayern München, mit dem er 2020 das beeindruckende „Sextuple“ holte, bestehend aus dem Gewinn der Deutschen Meisterschaft, des DFB-Pokals, der UEFA Champions League, des UEFA Super Cups, des DFL-Supercups und der FIFA-Klub-Weltmeisterschaft.

Im Bild: Serge Gnabry in Aktion während des Champions League Gruppenphasenspiels gegen FC Kopenhagen in der Allianz Arena 2023

Emre Can, geboren am 12. Januar 1994 in Frankfurt am Main, ist ein vielseitiger deutscher Fußballspieler, der seit Januar 2020 für Borussia Dortmund spielt und seit Juli 2023 deren Kapitän ist. Er kann sowohl im Mittelfeld als auch in der Verteidigung eingesetzt werden und ist seit 2015 A-Nationalspieler.

Can begann seine Karriere beim SV Blau-Gelb Frankfurt, bevor er zu Eintracht Frankfurt und später zum FC Bayern München wechselte. Bei Bayern machte er seine ersten Schritte im Profibereich und wechselte dann zu Bayer 04 Leverkusen, wo er sich als Stammspieler etablierte. 2014 zog es ihn zum FC Liverpool, wo er unter Jürgen Klopp im defensiven Mittelfeld spielte und wichtige Erfolge feierte, darunter das Erreichen von zwei Endspielen.

Nach einem Wechsel zu Juventus Turin im Jahr 2018, wo er in seiner ersten Saison die Meisterschaft gewann, kehrte Can 2020 nach Deutschland zurück und schloss sich Borussia Dortmund an. Dort wurde er schnell zu einer wichtigen Figur und half dem Team, den DFB-Pokal zu gewinnen. Trotz einiger Verletzungen und Kritik an seiner Leistung blieb Can bei Dortmund und übernahm schließlich die Kapitänsbinde.

In der Nationalmannschaft debütierte Can für die U15 und spielte später in der U17, wo er an der Europameisterschaft teilnahm. Sein Weg führte ihn bis in die A-Nationalmannschaft, wo er seit 2015 aktiv ist. Im Sommer 2023 verlängerte er seinen Vertrag bei Dortmund bis 2026 und wurde zum Mannschaftskapitän ernannt.

Im Bild: Alejandro Grimaldo im Zweikampf mit Emre Can von Borussia Dortmund während des Bundesliga-Spiels 2023 in der BayArena in Leverkusen

1&1
DERBYSTAR

Florian Wirtz, geboren am 3. Mai 2003 in Pulheim-Brauweiler, ist seit Februar 2020 bei Bayer 04 Leverkusen unter Vertrag und agiert als offensiver Mittelfeldspieler. Er begann seine Karriere bei SV Grün-Weiß Brauweiler und wechselte später zum 1. FC Köln, wo er in der Jugend erfolgreich war und 2019 die B-Junioren-Bundesliga gewann. Sein Wechsel zu Leverkusen im Januar 2020 sorgte für Aufsehen, da er gegen eine bestehende Vereinbarung zwischen regionalen Klubs verstieß. Trotz der COVID-19-Pandemie debütierte er im Mai 2020 für die erste Mannschaft von Leverkusen und wurde zum jüngsten Torschützen des Vereins.

Wirtz etablierte sich schnell als Stammspieler und verlängerte seinen Vertrag mehrmals, zuletzt bis 2026. International spielte er für verschiedene deutsche Juniorennationalmannschaften und wurde 2021 U-21-Europameister. Im September 2021 debütierte er in der deutschen A-Nationalmannschaft.

Persönlich stammt Wirtz aus einer fußballbegeisterten Familie und seine Schwester Juliane ist ebenfalls Profifußballerin. Wirtz wurde für seine Leistungen mit der Fritz-Walter-Medaille ausgezeichnet und erreichte bei der Kopa-Trophäe den 7. Platz. Er hat mehrere Auszeichnungen erhalten, darunter die Wahl zum Spieler des Monats der Bundesliga und zum VDV-Newcomer der Saison.

Im Bild: Florian Wirtz während des Spiels der Fußball-Bundesliga-Saison 2023/2024 gegen den BVB 2023 in Leverkusen

trive

Marc-André ter Stegen, geboren am 30. April 1992 in Mönchengladbach, spielt seit 2014 für den FC Barcelona. Seine Karriere begann bei Borussia Mönchengladbach, wo er ab 1996 spielte und 2009 Profi wurde. Nach seinem Bundesligadebüt 2011 und erfolgreichen Spielzeiten wechselte er 2014 für 12 Millionen Euro zu Barcelona, wo er zunächst in der Liga hinter Claudio Bravo stand, aber in der Champions League und im Pokal zum Einsatz kam. Mit Barcelona gewann er das Triple in seiner ersten Saison und wurde nach Bravos Weggang 2016 Stammtorhüter. Trotz einiger titelloser Saisons verlängerte er seinen Vertrag bis 2025 und später bis 2028, wobei seine Ausstiegsklausel auf 500 Millionen Euro angehoben wurde. In der Saison 2022/23 stellte er Rekorde auf und wurde zum Spieler der Saison ernannt.

In der Nationalmannschaft gewann ter Stegen 2009 die U-17-Europameisterschaft und stand im Kader für mehrere große Turniere, darunter die Weltmeisterschaften 2018 und 2022, kam aber selten zum Einsatz. Seine Erfolge umfassen den FIFA-Konföderationen-Pokal 2017 und mehrere nationale Titel mit Barcelona. Persönlich wurde er mit zahlreichen Auszeichnungen geehrt, darunter die Zamora-Trophäe und die Alfredo-Di-Stéfano-Trophäe für die Saison 2022/23. Privat heiratete er 2017 und wurde 2019 Vater.

Im Bild: Marc-André ter Stegen beim Spiel zwischen FC Porto und FC Barcelona 2023 in der 2. Runde der Gruppenphase

Jamal Musiala, geboren am 26. Februar 2003 in Stuttgart, hat deutsch-englische Wurzeln und ist vielseitig einsetzbar. Er spielt hauptsächlich im offensiven Mittelfeld, kann aber auch auf den Flügeln oder im zentralen Mittelfeld agieren. Musiala startete seine Karriere beim TSV Lehnerz in Fulda, bevor er nach England umzog und acht Jahre lang für den FC Chelsea spielte. Im Sommer 2019 wechselte er zum deutschen Rekordmeister FC Bayern München.

Auf internationaler Ebene vertrat Musiala zunächst England und spielte bis 2020 in der U21-Nationalmannschaft. Doch 2021 entschied er sich, für den Deutschen Fußball-Bund (DFB) zu spielen. Seitdem hat er mit der deutschen Nationalmannschaft an einer Weltmeisterschaft (2022) und einer Europameisterschaft (2021) teilgenommen.

Im Bild: Jamal Musiala verletzungsbedingt ausgeschieden während des UEFA Champions League-Spiels der Saison 2023/2024 gegen Galatasaray Istanbul 2023 in München

FOUNDATION

Benjamin Henrichs, geboren am 23. Februar 1997 in Bocholt, ist ein deutsch-ghanaischer Fußballspieler, der aktuell für RB Leipzig spielt. Er wuchs in Köln-Porz und Leverkusen auf und absolvierte sein Abitur an einer Eliteschule des Sports. 2016 erhielt er die Fritz-Walter-Medaille in Gold für U19-Junioren und traf Papst Franziskus mit der deutschen A-Nationalmannschaft.

Henrichs begann seine Karriere in der Jugend von Bayer 04 Leverkusen und rückte 2015 in die Profimannschaft auf. In der Saison 2015/16 debütierte er in der Bundesliga und Europa League. Er etablierte sich als Außenverteidiger und verlängerte 2017 seinen Vertrag bis 2022. Nach einem Trainerwechsel verlor er jedoch seinen Stammplatz.

2018 wechselte Henrichs zur AS Monaco, wo er zunächst Stammspieler war, aber später um seinen Platz kämpfen musste. Verletzungen und die COVID-19-Pandemie beeinträchtigten seine Spielzeit. 2020 wechselte er auf Leihbasis zu RB Leipzig, die ihn 2021 fest verpflichteten.

International spielte Henrichs für deutsche Jugendnationalmannschaften und debütierte 2016 in der A-Nationalmannschaft. Er nahm am Confed-Cup 2017 teil, den Deutschland gewann, und spielte 2021 bei den Olympischen Spielen.

Henrichs gewann mit RB Leipzig den DFB-Pokal 2022 und 2023 sowie den Supercup 2023. Er wurde 2016 mit der Fritz-Walter-Medaille ausgezeichnet.

Im Bild: Benjamin Henrichs während des Bundesligaspiels der Saison 2023/2024 am 13. Spieltag in der Red Bull Arena

DERBYSTAR

Jonas Hofmann, geboren am 14. Juli 1992 in Heidelberg, ist ein deutscher Fußballprofi, der seit 2023 bei Bayer 04 Leverkusen spielt und seit 2020 Teil der deutschen A-Nationalmannschaft ist. Seine Karriere begann er beim FC Rot, bevor er zur Jugend von TSG 1899 Hoffenheim wechselte. Dort machte er sich bemerkbar und wechselte 2011 zu Borussia Dortmund II, wo er maßgeblich zum Aufstieg in die 3. Liga beitrug. Hofmann debütierte 2012 in der Bundesliga für Dortmund und wurde 2013/14 fester Bestandteil der Profimannschaft.

Nach einer Leihe zu Mainz 05 kehrte er kurzzeitig nach Dortmund zurück, bevor er 2016 zu Borussia Mönchengladbach wechselte, wo er sich als Leistungsträger etablierte. Seine beste Saison hatte er 2021/22 mit 12 Toren und sechs Vorlagen. International spielte Hofmann für die deutsche U-18 und U-21, bevor er 2020 in die A-Nationalmannschaft berufen wurde und an der EM 2021 sowie der WM 2022 teilnahm.

Neben dem Fußball betreibt Hofmann Subway-Franchise-Restaurants und stammt aus einer sportlichen Familie, in der Handball eine große Rolle spielte. Sein Bruder Benjamin ist ebenfalls Fußballer. Hofmanns Erfolge umfassen den DFL-Supercup-Sieg mit Dortmund und das Erreichen des Champions-League-Finales 2013.

Im Bild: Jonas Hofmann während des Bundesliga-Spiels am 5. Spieltag der Saison 2023/2024 gegen Borussia Dortmund 2023

Karim Adeyemi, geboren am 18. Januar 2002 in München, ist ein Stürmer, der seit der Saison 2022/23 bei Borussia Dortmund spielt und 2021 U21-Europameister wurde. Adeyemi begann seine Karriere beim TSV Forstenried und wechselte später zur Jugendakademie des FC Bayern München. Nach einem Zwischenfall verließ er Bayern und schloss sich der SpVgg Unterhaching an, wo er bis zu seinem Profidebüt blieb.

2018 wechselte Adeyemi zum FC Red Bull Salzburg, wo er sich schnell etablierte und 2022 Torschützenkönig der österreichischen Bundesliga wurde. Er gewann mit Salzburg dreimal das nationale Double und erreichte das Achtelfinale der Champions League. Nach seiner Rückkehr nach Deutschland trug er bei Borussia Dortmund zur Führung in der Bundesliga bei und zeigte sich als effizienter Spieler.

Adeyemi debütierte 2018 in der deutschen U16-Nationalmannschaft und erzielte seinen ersten Treffer gegen Italien. Er wurde 2021 U21-Europameister und erzielte sein erstes Tor für die A-Nationalmannschaft im September 2021. Obwohl er für die WM 2022 nominiert wurde, kam er dort nicht zum Einsatz.

Zu seinen individuellen Erfolgen zählen die Fritz-Walter-Medaille in Gold (U17 und U19), die Nominierung für die Kopa-Trophäe und die Auszeichnung als Rookie der Saison 2022/23 der Fußball-Bundesliga. Privat ist Adeyemi seit 2023 mit der Rapperin Loredana liiert.

Im Bild: Karim Adeyemi in Aktion während des Bundesliga-Spiels am 5. Spieltag der Saison 2023/2024 gegen Bayer Leverkusen 2023

Niclas Füllkrug, geboren am 9. Februar 1993 in Hannover, steht aktuell bei Borussia Dortmund unter Vertrag. Seine Karriere begann er im Jugendfußball bei TuS Ricklingen, bevor er zu Werder Bremen wechselte, wo er sich trotz Konkurrenz durchsetzte und 2012 sein Bundesliga-Debüt gab. Nach einer Verletzung wurde er an Greuther Fürth ausgeliehen, wo er mit guten Leistungen auffiel. 2014 wechselte er zum 1. FC Nürnberg und etablierte sich trotz einer weiteren Verletzung als wichtiger Spieler.

2016 kehrte Füllkrug in seine Heimatstadt zurück und spielte für Hannover 96, wo er nach anfänglichen Schwierigkeiten unter Trainer André Breitenreiter aufblühte und zum Aufstieg in die Bundesliga beitrug. Trotz Interesses anderer Vereine verlängerte er seinen Vertrag, musste aber erneut eine schwere Knieverletzung überstehen. 2019 ging er zurück zu Werder Bremen und erlebte eine von Verletzungen geprägte Zeit, die mit dem Abstieg Bremens endete. In der folgenden Zweitligasaison fand er zu alter Stärke zurück und wurde Torschützenkönig.

Seine Leistungen brachten ihm eine Berufung in die deutsche Nationalmannschaft ein, wo er trotz des frühen Ausscheidens bei der WM 2022 in Katar seinen Marktwert steigern konnte. Füllkrug hat mehrere persönliche Auszeichnungen erhalten, darunter die Wahl zum Hannovers Sportler des Jahres 2018 und den Sport-Bild-Award 2023 als „Aufsteiger des Jahres“. Er ist verheiratet, hat eine Tochter und stammt aus einer fußballbegeisterten Familie.

Im Bild: Niclas Füllkrug während des Bundesliga-Spiels gegen Bayer 04 Leverkusen in der BayArena in Leverkusen 2023

BVB
09
1&1

In der Erwartung der Fußballeuropameisterschaft 2024, die in Deutschland ausgetragen wird, schließen wir dieses Buch voller Vorfreude. Deutschland, mit seiner reichen Fußballgeschichte und -kultur, steht bereit, um ein weiteres aufregendes Kapitel in der Welt des Fußballs zu schreiben. Während wir uns auf spannende Spiele, leidenschaftliche Fans und unvergessliche Momente vorbereiten, bleibt uns nur, die Mannschaften viel Erfolg zu wünschen und allen Zuschauern viel Freude beim Verfolgen dieses besonderen Ereignisses. Auf ein ereignisreiches Turnier für den deutschen Kader in 2024!

Im Bild: Bernd Neuendorf, Philipp Lahm, Heike Ullrich, Celia Sysic, Bundeskanzler Olaf Scholz und Bundesinnenministerin Nancy Faeser im Kanzleramt in Berlin 2023 anlässlich des Fototermins zur Fußball-EM

Impressum

Für Fragen und Anregungen: 27AmigosVerlag@gmail.com

Linus Willnauer
Marktstrasse 10
80802 München

Dieses Buch wurde vom Künstler oder Management nicht autorisiert.

Printed in the EU

ISBN 978-3-7505-3959-4

Bildnachweise

IMAGO / Jan Huebner; IMAGO / ZUMA Press; IMAGO / Cord; IMAGO / Laci Perenyi; IMAGO / Sven Simon; IMAGO / Sven Simon; IMAGO / RHR-Foto; IMAGO / Sven Simon; IMAGO / Jan Huebner; IMAGO / ZUMA Wire; IMAGO / Mika Volkmann; IMAGO / PA Images; IMAGO/Nico Herbertz; IMAGO/MIS; IMAGO/Eibner; IMAGO/Christian Schroedter; IMAGO/MIS; IMAGO/Pressinphoto; IMAGO/Pressinphoto; IMAGO/ Eibner; IMAGO/Jan Huebner; IMAGO/Eibner; IMAGO/regios24; IMAGO/Nordphoto; IMAGO/Jöran Steinsiek; IMAGO/Treese; IMAGO/Eibner; IMAGO/Picture Point LE; IMAGO/Matthias Koch; IMAGO/Sven Simon; IMAGO/Treese; IMAGO/Laci Perenyi; IMAGO/GlobalImagens; IMAGO/ Laci Perenyi; IMAGO/Picture Point LE; IMAGO/RHR-Foto; IMAGO/RHR-Foto; IMAGO/eu-images; IMAGO / Bernd Elmenthaler

Printed in Poland
by Amazon Fulfillment
Poland Sp. z o.o., Wrocław

30375479R00047